かってに
頭がよくなる

まちがいさがし

教育クリエイター・陰山ラボ代表
陰山英男 監修

西東社

「みつける」ことで、ぐんぐんやる気アップ！
『かってに頭がよくなるまちがいさがし』の効果

本書のまちがいさがしは、遊びながら学習の土台となる４つの大切な力を身につけることができます。

教育クリエイター
陰山ラボ代表
陰山英男先生

集中力がつく！

色彩が豊かでユーモアあふれる絵をたっぷり掲載しています。まちがいのアイデアもクスリと笑え、みつけることが楽しさにつながり、集中力がとぎれません。

記憶力がアップする！

１つの絵をおぼえながら、もう１つの絵と見くらべるので、自然に記憶力がアップします。本書では、鏡合わせになった絵や、回転した絵でくらべる問題などがあり、記憶力をより高めることができます。

観察力が育つ！

細かい絵のすみずみまで注意して見ることで観察力が身につきます。観察力は、理科、社会の学習にもつながる大切な力です。
本書のまちがいさがしには、形や色のちがいだけでなく、**時間による変化のちがい、ことばや数の正誤**など、観察力をやしなうバリエーション豊かな問題がそろっています。

思考力をやしなえる！

まちがいさがしは「くらべる」ことからはじまります。絵を見くらべたとき、何がちがうんだろうと考えます。大きさ？　長さ？　色？　一瞬でさまざまなことを思いめぐらします。
くらべることは、考えることの第一歩。楽しみながらくらべ、考えることを重ね、思考力をやしなうことができます。

「頭がよくなる」しかけが まだまだある！

小学校低学年までに知っておきたい知識が なるほど！ヒント で おぼえられる

このヒントには、ちょっぴりもの知りになれる解説が書かれています。
まちがいをみつけるためのヒントになっているので、自然に理科、社会、算数、国語、生活などの知識が身につきます。

チェックシートで現状把握し、ねばり強さを獲得！

チェックシートに記入することで、みつけた数を把握でき、さいごまでやりとげるねばり強さが身につきます。

ストーリーの登場人物から マナーや言葉づかい、思いやりを学べる

この本のまんがに登場するキャラクターたちは、少しおっちょこちょいで憎めないおばけの世界の住人です。暴走したり、自信が持てずにいたり、本当の気持ちを言えなかったりしますが、人間と関わる中で成長していきます。ストーリーを通して、生活の中で必要になる大切なことを学べます。

ボクは、しっぱいばかり。きょうもうまくいくかな…

ぷく〜

あいての気もちをそうぞうするってだいじなのね

成功体験が得られる ほかにない遊びです

自分の力で「みつける」ことはとても楽しいものです。いちど成功体験を得ると夢中になって、もっとみつけたくなるでしょう。全ての答えをみつけられたときの達成感は自己肯定感につながります。その成功体験はこれからの学習にもよい影響をあたえてくれるのです。

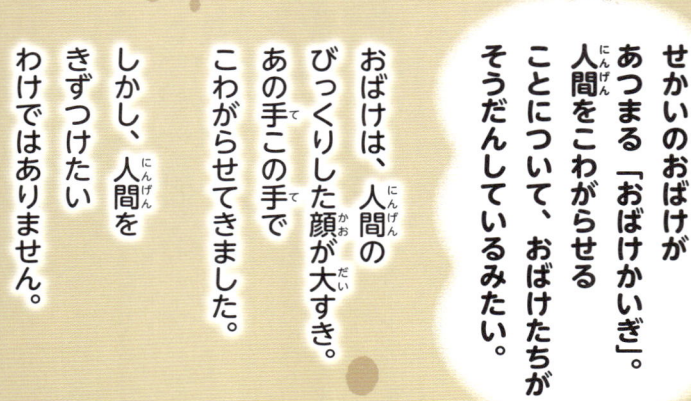

せかいのおばけが
あつまる「おばけかいぎ」。
人間をこわがらせる
ことについて、おばけたちが
そうだんしているみたい。

おばけは、人間の
びっくりした顔が大すき。
あの手この手で
こわがらせてきました。

しかし、人間を
きずつけたい
わけではありません。

ざしきわらっし
クールな子。
たまに、するどい
ツッコミを入れる。

楽しい
ほうほうで
びっくりさせたい
ですぞ

かっぱっぱ
テンションが高い
あわてんぼう。
キュウリがすき。

バンパイセン
ずのうめいせき。
水晶で人間を
かんさつする。

「人間をかなしませずに
びっくりさせてみよう」

と、みんなできめましたが、
新しいアイディアは
ひらめくのでしょうか……？

もくじ

『かってに頭がよくなる
まちがいさがし』の効果 **2**

せっかち **かっぱっぱ**
森で大あばれ！ **11**

もじもじ **フラン・ケン**と
おばけ遊園地 **49**

おちゃめな **まじょりん**の
学校キラキラ計画 **87**

ハリキリ **てんぐどん**の
へんてこ商店街 **125**

クールな **ざしきわらっし**と
家であそぼう！ **163**

こたえのページ **202**

12

1 水しぶきで川が七へんげ

おいらのまほうでへんげした、ふしぎな川を
ごらんあれ！　川のなかまは楽しそうだぜ。
右と左の絵で、ちがうところを7つみつけよう。

まちがいは
7つ

こたえは
202ページ

なるほど！ヒント　イカは海にすむ生きもの。川にはいないよ。

2 ぶきみな森を大ぼうけん！

おいらの水（みず）しぶきをあびて、森（もり）の中（なか）のようすも いつもとちがってしまったぞ！ ワクワクするなあ♪ 右（みぎ）と左（ひだり）の絵（え）で、ちがうところは 5 つだ。

まちがいは 5つ　こたえは 202ページ

なるほど！ ヒント　カブトムシのオスにはツノがある。メスにはツノがないよ。

3 鳥たちのせかい

空では、たくさんの鳥たちがあそんでいるぞ〜！
まほうの水しぶきが、ここまでとどいたみたいだな！
上と下の絵で、ちがうところが5つあるぜ。

まちがいは
5つ

こたえは
202ページ

なるほど！ヒント ペンギンは鳥だけど、空はとべないよ。小さなつばさは、水の中で
はやくおよぐためにやくだっているよ。

ようせいたちの
花ばたけ

この花ばたけには、ようせいがいっぱいいるんだね。
みんな、いっしょにあそぼうよ！
右と左の絵で、ちがうところが 6 つあるんだって !?

まちがいは 6 つ
こたえは 202 ページ

なるほど！ヒント　こんちゅうのあしは 6 本。ミツバチもこんちゅうだよ。

みずうみで ボートにのろう

みずうみでも、ふしぎなことがおきているぞ！
下の絵は、上の絵をかがみにうつしたように上下
はんたいになっているんだ。まちがいは 6 つだぜ。

まちがいは 6つ　こたえは 203ページ

なるほど！ヒント　オールをこいで水をうしろにおすと、水からオールをおしかえす力が
はたらいて、ボートがすすむんだよ。

ぼくじょうへ行こう！

① 草を食べている
ウシは何頭いる？

② ねているブタは
何びきいる？

ここは、どうぶつたちがじゆうにすごすぼくじょうさ。
①～⑤のかんばんに書かれたしつもんを読んで
どうぶつの数をこたえよう！　絵をよ～く見るんだぞ。

こたえは 203 ページ

③ 顔が黒いヒツジは何びきいる？

④ 走っているウマは何頭いる？

⑤ ①から④を合わせた数は？

なるほど！ヒント ⑤のこたえは、①から④のこたえを足してもいいし、あらかじめしるしをつけておいて、数えてもいいね。

7 おばけと森でバーベキュー

森のなかまとおばけといっしょにバーベキューだ♪
左の絵は、右の絵をかがみにうつしたように
はんたいになっている。ちがうところは5つだぞ。

まちがいは **5つ** こたえは **203ページ**

なるほど！ヒント おはしのさきは、食べものをつかむ方が細いんだよ。

こびとの
ティーパーティー

森でこびとに出会ったよ。おかしおいしそう！
あ、でも「よくないマナー」を６つ発見！
右の絵とくらべてさがしてみよう！

まちがいは **６つ**　こたえは **203**ページ

なるほど！ヒント
食べものであそんだり、ハンカチをつかわなかったり、ぼく
がときどきちゅういされることやってる～！

まちがいは
6つ

こたえは
204ページ

へんてこな森からやっとおばあちゃんの家にかえって
きたよ。…と思ったら、たいへん！ おばけがイタズラ
してへやのようすを6かしょかえちゃったみたい！

なるほど！
ヒント
水は100℃でふっとうするよ。ガスの火をけしたら、ふっとうしなく
なるよ。

10 やさいたちは どこへにげた？

左は、右の絵の1分後のようすだぞ。おばあちゃんのはたけのやさいたちはどこへにげた？　ヒントを読んで、ウサギが食べちゃったやさいも1つこたえてくれ！

こたえは 204 ページ

なるほど！ヒント　にげたやさいは8つ。ウサギが食べたのは、かわがみどり色で、なかみが黄色いやさいだぞ♪

11 おばあちゃんの ふしぎなたな

カレンダーのまわりの小ものたちがうごきだしたよ！
これもふしぎな水しぶきのせい!?
右と左の絵で、ちがうところが6つあるよ！

まちがいは 6つ　こたえは 204ページ

 木の葉の色が赤や黄色にかわることを紅葉というよ。10月くらいから色がかわりはじめるよ。

12 えんがわで ひなたぼっこ

えんがわに、ねこたちがあつまってきたよ！
あれれ？　なんだかようすがおかしいような……。
右と左の絵で、ちがうところを6つみつけよう。

まちがいは6つ

こたえは204ページ

なるほど！ヒント　アサガオのツルは、上から見て左回りにまいていくよ。

アルバムが タイムスリップ!?

おばあちゃんが小学生のころの写真だよ。昭和という時代なんだって。アルバムの中に、むかしにはなかったものがうつっている!!　4つさがせる?

まちがいは**4つ**　こたえは**205ページ**

おいら、写真までかえられるんだぜ。今はあたりまえにあるものが、むかしはなかったんだぜっ!

14 おまつりに行ってみよう！

たこ焼　わたあめ　おめん　くじびき

やたいからいいかおりがただよってきたぞ〜♪
おいらもまつりは大すきだぜ！　右と左の絵で、
ちがうところは５つだ。はやくみつけて!!

まちがいは **5**つ　こたえは **205** ページ

たこ焼　わたあめ　おめん　くじびき

なるほど！ヒント　ゆかたのえりもとに注目してみて。きものやゆかたは左がわを上にしてきるんだよ。

15 金魚すくいに むちゅう！

金魚すくいってたのしいよなー。おいおい、けんかするなよ〜。よく見ると、なんだかへんだぞ。上と下の絵で、ちがうところを5つみつけてくれ！

まちがいは **5つ** こたえは **205ページ**

なるほど！ヒント オタマジャクシは、うしろあしが先にはえるんだよ。

16 どうぶつたちとたき火をしよう

森の夜も楽しいぞ。ギターの音色に合わせて、おいらがダンスをすると、ほ〜らようすがかわったぞ。右と左の絵で、ちがうところは6つだ。

まちがいは 6つ

こたえは 205ページ

フクロウとミミズクはそっくりだけど、頭に耳のような羽がついているのがミミズクとよばれているよ。

17 みんな冬みん しちゃった！

スタート

ツキノワグマ

カエル

シマリス

ハムスター

朝なのに、みんな冬とかんちがいしておきない！水しぶきのせい？　ごめんよ〜全員おこしてまわるから手つだって！　同じ道はいちどしかとおれないよ。

こたえは 206 ページ

みんな、冬みんしちゃったの〜⁉

48

もじもじ フラン・ケンと おばけ遊園地

みいとけったは、家族で遊園地に来ています。

フラン・ケンのでばんですよ。

ふしぎな メリーゴーランド

たいへんだよ～。ボクの風船の空気をあびて
メリーゴーランドがあやしくかわっちゃったよ～。
右と左の絵で、ちがうところは 6 つだよ。

まちがいは
6つ

こたえは
206ページ

なるほど！ヒント　しゃぼん玉のまくには、表面をできるだけ小さくしようとする力がはたらいていて、それがまるい形だよ。ハートの形にはならないよ。

ドキドキ ジェットコースター

ジェットコースター大すき！　ミイラたちもいる！
左の絵は、右の絵をかがみにうつしたように
はんたいになっているよ。まちがいは 6 つだよ。

まちがいは
6つ

こたえは
206 ページ

昼間はたいようの光がとても明るいから、星は目には見えないよ。でも空にはいつもあるんだよ。

55

こたえは
206ページ

まちがいは
6つ

プリンセスたちのダンスは大人気だね。ぼくもおもいっきりおどってみたいなあ。あれ？　右と左の絵で、ちがうところが6つあるよ。さがしてね。

虹は、外がわから赤、オレンジ、黄、みどり、青、あい色、むらさきのじゅんばんで、だんだんと色がかわっているよ。

おかしな のりものコーナー

どうぶつののりものがじゆうにうごきまわってるよ〜！
これもボクの風船（ふうせん）のせい？？　もとにもどさなきゃ。
上（うえ）と下（した）の絵（え）で、ちがうところを 5 つさがしてね。

まちがいは 5つ　　こたえは 207ページ

それぞれのどうぶつのとくちょうが、なんだかヘンだよ！

ぼうし　かばん　おばけ

ティーカップがきゅうに回りだした！ 1つだけはんたいに回っているティーカップがあるよ。どれかな？ おまけもんだいにもちょうせんしてね。

こたえは207ページ

おまけもんだい 右の3つのアイテムはどこにある？
さがしてみよう！

なるほど！ヒント かみの毛やリボンのなびく方向や、ぼうしがとんでいく方に注目してみてね！

6 空とぶ船で大ぼうけん

かいぞくたちがあばれてるよ〜。ボクにとめられるかなあ。おまけにタコの船長（せんちょう）があちこちかえちゃったみたい。右（みぎ）と左（ひだり）の絵（え）で、ちがうところは6つだよ。

まちがいは **6つ**
こたえは **207ページ**

なるほど！ヒント　タコのあしは8本（ほん）だよ。でもじつは、あしはそのうちの2本（ほん）で、のこりの6本（ほん）はうでとかんがえられているんだって。

63

7 パラソルの下でランチタイム

もう、お昼の12時だね。ランチをたべようよ。
あっ、ハンバーガーおばけたちがいたずらしてるよ！
右と左の絵で、ちがうところが 6 つあるよ！

まちがいは **6つ**　こたえは **207ページ**

なるほど！ヒント 太陽が高い場所にある昼間は、上から光が当たるから、かげはみじかくなるんだよ。太陽がひくい場所にある朝や夕方は、かげは長いよ。

トリックアートが
うごきだす！？

トリックアートの中からネコがとびだしてきちゃった！　いたずらはやめて、なかよくしてね。右と左の絵で、ちがうところは6つだよ。

まちがいは6つ　こたえは208ページ

なるほど！ヒント　ネコのヒゲはだいじなものだよ。まわりのものやきけんをさっちしたり、バランスをとったり、ものとのきょりをはかったりするんだ。

キャンディー モンスター

キャンディーにまぎれてキャンディーおばけがいたずらしてる。左の絵は、右の絵をかがみにうつしたようにはんたいになっているよ。ちがうところは6つ。

まちがいは **6つ**　こたえは **208ページ**

　てんびんは、重い方が下にさがるよ。同じキャンディーなら数が多い方が重いから、てんびんが下がるはずだね。

10 はれつしない ふしぎな風船

この風船は、あながあいてもしぼまないんだ。6つの風船にピッタリはまるかけらを、絵の中からさがしてね。1つだけあまるかけらはどれかな？

こたえは208ページ

おばけれっしゃで レッツゴー！

おばけたちが、列車をあやつってしまったよ！
どこに行くんだよ〜！！　下の絵は、上の絵のかげだよ。
おかしなかげを 6 つみつけてみよう。

まちがいは
6つ

こたえは
208ページ

楽しそうな列車！！　のりたいね！

ごうかなパフェの ひみつ

2 右（みぎ）のくだものが1つぶはいっちゃった
パフェはどれかしら。

かわいいパフェだね。でも、カフェの店員（てんいん）さんが
作（つく）り方（かた）をすこしずつまちがえちゃったんだって。
2つのもんだいにこたえて、たすけてあげよ！

こたえは 209 ページ

1 ⓐ 〜 ⓚ のパフェは、
1 かしょずつ見本（みほん）とちがってしまったの。
どこがちがうのかおしえて。

見本（みほん）

ⓐ

ⓔ

ⓞ

こまっている人（ひと）はたすけたい。ぼくも手（て）つだうよ。

13 1分後の
ヒーローショー

ヒーローとかいじゅうのバトルがはじまった！
左の絵は、右の絵の1分後のようすだよ。

おかしなところが1つだけあるんだ。みつけてね。

まちがいは 1つ　こたえは 209ページ

なるほど！ヒント　1分たつと、長い針が1めもりだけすすむよ。

14 かがみだらけの びっくりハウス

おばけたちも楽しそうだね。左の絵は、右の絵をかがみにうつしたようにはんたいになっているよ。おかしなところが 6 つあるの。みつけるよ～！

まちがいは 6つ　こたえは 209ページ

かがみにすがたをうつすと、右と左がはんたいになって見えるね。かがみのところをよ～く見よう！

やかたのおばけたち、みんな自信をなくしちゃってるのね。「おまもりカード」で元気にしてあげよう！ **1**～**6**のおばけにぴったりのカードはどれ？

こたえは**209**ページ

おまもりカード

~ **A** ~
こせいてきな見た自で
カッコイイよ！

~ **B** ~
自分がいいと思うことを
つらぬきとおせるんだね

~ **C** ~
きみならできるよ！
おうえんするよ

~ **D** ~
おだやかで
やさしい人だね

~ **E** ~
すばやく、テキパキと
うごける人だね

~ **F** ~
明るくて、とても
元気があるね！

4
いじっぱりだって
いわれちゃった

5
ぼくのかみがた
かわってるよね…

6
おとなしすぎるって

このおまもりカードがあれば、ボクも自信をもてる気がするよ。

ゆかいな音楽につられて、おばけたちがおどりだした！
左の絵は、右の絵がくるりとかいてんして、さかさまに
なっているよ。右と左の絵で、ちがうところは6つだよ。

まちがいは
6つ

こたえは
210ページ

 タイヤがまるいのは、ころがりやすいから。四角だとタイヤの中心と地面ま
でのきょりがかわるので、がったんがったんとなり、のりごこちがわるいよ。

17 いじわる トランプめいろ

いい かんじ！

スタート

♠に すすめ

青い火へ すすめ

あたたかい方へ 行くんだ

はしを わたれ

こっち だぞ〜

ここのトランプたちは「はんたいのこと」しかいわないんだって。トランプがすすめていない方の道<ruby>方<rt>ほう</rt></ruby>の<ruby>道<rt>みち</rt></ruby>をえらんでいってゴールしよう！

こたえは 210 ページ

ゴール

5

10

さいこう
だぜ〜

<ruby>大<rt>おお</rt></ruby>きい<ruby>方<rt>ほう</rt></ruby>に
すすめ

<ruby>森<rt>もり</rt></ruby>は
あんぜん！

すすめられるとことわりにくいんだけど、ゆうきを<ruby>出<rt>だ</rt></ruby>すよ〜。

おちゃめな まじょりんの学校キラキラ計画

まじょりんはみいの学校に来ましたぞ。
きょうはダンスの発表会です。

キラキラ ダンス発表会

わたしのまほうで、ステージがかわいくなったわ★
ほかのところもかわっちゃったけど、いいわよね♥
右（みぎ）と左（ひだり）の絵（え）で、ちがうところは6つよ。

まちがいは **6**つ
こたえは **210**ページ

なるほど！ヒント

時計（とけい）は、短（みじか）いはりが1時（じ）、2時（じ）などの時間（じかん）を、長（なが）いはりが分（ふん）をあらわしているよ。左（ひだり）の時計（とけい）は朝（あさ）か夕方（ゆうがた）の6時前（じまえ）になってしまうね。

にぎやかな けいじばん

教室ってじみね〜。けいじばんをまほうでかざりつけちゃった！　そのほうが楽しいわよね♪
あら、上と下の絵で、ちがうところが 6 つあるわよ。

なるほど！ヒント 10月の第2月曜日はスポーツの日。国民の祝日だから学校もお休みだよ。

本もいっぱい！ おばけもいっぱい！

図書室（としょしつ）ってしずかね。おばけたちといっしょにあそびましょうよ♪ あら、ここではさわいじゃいけないのね。右（みぎ）と左（ひだり）の絵（え）で、ちがうところは6つよ。

まちがいは 6つ　こたえは 211ページ

95 なるほど！ヒント　図書室（としょしつ）の本（ほん）は、同（おな）じテーマの本（ほん）をまとめてならべているよ。どうぶつの本（ほん）がならんでいる中（なか）に、のりものの本（ほん）はならべないよ。

教室にいない
のはだれ？

休み時間、みんな楽しくすごしているね。
あれ？　1人だけ教室にいない子がいるみたい。
写真をよく見てさがしてみて！

こたえは211ページ

この写真、わたしならもっとキラキラにデコっちゃう！

音楽家のえんそう会！？

音楽室のしょうぞうがから、音楽家たちがよみがえっちゃった！ むちゅうでえんそうしているよ。右と左の絵で、ちがうところが 6 つあるよ！

まちがいは **6つ**　こたえは **211ページ**

 ピアノの黒いけんばんは、白いけんばんのド・レ・ミの間、ファ・ソ・ラ・シの間にかならずあって、となりあった白いけんばんの中間の音だよ。

じょうずに書けるかな？

わぁ！ タコのおばけが習字の先生をしているよ。
みんなの習字にいたずらしないでね～。
右と左の絵で、ちがうところが6つあるよ。

まちがいは 6つ　　こたえは 211ページ

なるほど！ヒント 「心」という漢字は、ノ →心→心→心 の順に書くよ。

7 わすれものを したのはだれ？

かならずもってくるものは、「ノート」「けしゴム」「えんぴつ」「ハンカチ」なんだけど、この中で1人だけわすれものをした子がいるわ。だれかな？

こたえは 212 ページ

みんなもってきたのに、何かを1人だけがもっていないんだよね……。

8 人体もけいのギャル先生！？

人体もけいだって、かわいくへんしんさせちゃった♥
もっとじゅぎょうが楽しくなりそうじゃない?
右と左の絵で、ちがうところを5つさがしてね。

まちがいは
5つ

こたえは
212ページ

糸電話は、コップであつめられた音が糸を通してあいてのコップにつたわるよ。糸がたるんでいると音がつたわらなくなるよ。

先生たちは大いそがし！

おばけたちが先生のお手つだいをしてる！
でも、もしかして先生たちをこまらせちゃってる？
右と左の絵で、ちがうところを6つさがしてね。

まちがいは **6つ**

こたえは **212ページ**

電話にも電卓にも0から9までの数字があるけれど、数字のならび方がちがうよ。電話機は左上に1、電卓は左下に1があるよ。

古時計は、学校のみんなを見まもっているのね。
あ〜えの4つの時間とぴったり合う場面を
1〜5からえらんでね。1つだけ絵があまるわよ。

こたえは212ページ

いただきます！

う

4 午前 12 時

え

おはよう！

5 午前 8 時 30 分

 下校したあとの時間をかいた絵がまざっているよ。

サッカーでたいけつ中だ！　どっちのチームが
かつのかなあ？　あっ、チャンスだよ、シュート!!
右と左の絵で、ちがうところを6つみつけてね。

まちがいは
6つ

こたえは
213ページ

なるほど！ヒント　サッカーは、手をつかってはいけないスポーツだよ。ゴールキーパー
だけがきめられたエリアの中で手を使えるよ。

ゆうめいな絵画のモデルたちがアートにむちゅうになっているわ。さいのうがばくはつしているみたい！ 右と左の絵で、ちがうところは6つよ。

まちがいは
6つ

こたえは
213ページ

なるほど！ヒント 青色と黄色をまぜると、緑色になるよ。むらさき色は、赤色と青色をまぜるとできるよ。

13 みんなで楽しいランチタイム

まちがいは **6つ**　こたえは **213ページ**

おなかがペコペコ！　たのしいお昼の時間ね。
もりもりたべましょ。おばけたちもいっしょにね♪
右と左の絵で、ちがうところが6つあるわよ。

なるほど！ヒント　めだかの水そうでザリガニをいっしょにかうと、ザリガニがメダカを食べてしまうよ。生きものは、かい方を調べてからかうのがだいじだよ。

たいへん！　生きものの赤ちゃんたちが、
親とはぐれちゃった！　みんなこまっているよ。
親のことばをヒントにさがしてあげてね。

こたえは 213 ページ

水の中にいて、
6本あしがあるぞ。

背中にある線がめじるしさ。
小さな耳がかわいいんだ。

赤ちゃんをかわいくかざりたいけど、みつけにくくなっちゃうわね。
がまんするわ。

広い校庭でみんな思いっきりあそんでいるね！
左の絵は、右の絵がくるりとかいてんしてさかさ
まになっているよ。ちがうところを6つさがして。

まちがいは
6つ
こたえは
214ページ

なるほど！ヒント
光はまっすぐにすすみ、ものに当たると、そこでさえぎられてすすめな
くなり、かげができる。とうめいなものいがいはかげができるよ。

2
上にきるふくだよ。そではいらないな。ボタンを1つつけて!

1
上にきるふくだよ。カラフルな半そでがいい。

3
上下がつながっていて、赤色がいい。

まほうのミシンは、思い通りのふくを作れるから、みんなのこのみに合わせるわ♪　だれがどのふくをきたいのか当ててね。ふくは1ちゃくあまるわよ。

こたえは 214 ページ

4
上にきるふくだよ。
半そでがほしいな。
そでが2色だとかっこいいな！

5
下にきるふくだよ。
リボンよりお花がすき！
ポケットは4つがいいよ。

わたしも、自分のすきなふくをきるね！

キャ〜、気づいたら学校がよごれちゃってるわ！
みんなで大そうじよ！　そうじのじゅんびからかた
づけまで、正しい方をえらんでゴールをめざしてね。

こたえは 214 ページ

123

ハリキリ てんぐどんの へんてこ商店街

てんぐどんがうちわをふるとあらふしぎ♪
ことばがへんてこにかわりますよ！

わしのうちわで、
商店街をへんてこにするぞい

おもしろい
本はあるかな？

へんてこな本やさん

わしのパワーで本の文字も大あばれじゃ！
こんな本、店員さんも見たことないじゃろ。
右と左の絵で、ちがうところは8つあるぞ。

なるほど！ヒント　カナダの国旗には、まん中にサトウカエデの葉がデザインされているよ。

わくわく ぶんぼうぐやさん

字を書くどうぐにもいろいろあるのう！　わしは文字が大すきじゃ。おや、おばけがいたずらしたぞ。右と左の絵で、ちがうところを6つさがそう。

まちがいは6つ　こたえは215ページ

なるほど！ビント　こくごのノートはたて書きになっているよ。たて書きでは、右がわがとじていて、左がわがひらくよ。

いきがいいよ！魚やさん

わしは魚が大こうぶつなんじゃ。
魚たちをもっと元気にへんしんさせちゃうわい！
上と下の絵で、ちがうところが 6 つあるぞ。

まちがいは **6つ** こたえは **215ページ**

 ヒラメとカレイはそっくりだけど、体の向きがぎゃくなんだ。イラストのようにおいたとき、顔が左にくるのがヒラメ、右にくるのがカレイだよ。

大はんじょうの お肉やさん

てんぐどんが、おきゃくさんたちのことばをばらばらに入れかえちゃった。6人それぞれのほしいものは何かな？　店員さんに教えてあげよう。

こたえは 215 ページ

ポテトコロッケ

メンチカツ

トンカツ

カラアゲ

ステーキニク

ブタニク

ヒキニク

ポコトッテケロなんて、さいこーにオモシロイわい。さすがわし！

雪女のつめたい氷（こおり）が、びようしつをつつんでいるわい。左右（さゆう）の絵（え）は、かがみにうつしたようにはんたいになっているが、ふむ…おかしなところが6つあるぞ。

まちがいは 6つ　こたえは 216ページ

なるほど！ヒント　いきが体（からだ）から外（そと）に出（で）てきゅうにひやされると、いきにふくまれている目（め）に見えなかった水分（すいぶん）が、小さな水（みず）てき（すい）にかわる。それが白（しろ）く見えるよ。

6 アフリカのどうぶつ大しゅうごう！

ペットショップをアフリカのどうぶつたちでいっぱいにしてみたぞ。はくりょくがあるじゃろ？　右（みぎ）と左（ひだり）の絵（え）で、ちがうところを6つさがすんじゃ。

まちがいは **6つ**

こたえは **216ページ**

なるほど！ヒント　コアラはオーストラリアにすむどうぶつだよ。「有袋類（ゆうたいるい）」といって、おなかのふくろの中（なか）であかちゃんをそだてるんだ。

大ぜいのおきゃくさんでいそがしそうだね。みんながほしいくすりは、どのたなのどこにあるかな？うまくつたえられていない人がいるよ。だれかな？

こたえは 216 ページ

5 へっくしゅ！
右から 1 つ目のたなの、
上から 2 だん目の、
3 ばん目のをください。

ズルズル…

あ～、いたい！
まん中のたなの、
下から 1 だん目の、
左から 4 つ目のが
よさそうだわ。

4

6 いちばん右のたな、
げほっ…いちばん下のだん、
右から 3 つ目のくすりを…

げほげほ げほ

141

なるほど！ヒント 「いくつ目」とだけつたえても、右からなのか左からなのかわからないよ。「どこから」がだいじだよ。

8 色とりどりの やおやさん

なるほど！ヒント　トウモロコシにはふさふさのひげがあるよ。このひげは「めしべ」で、つぶの 1 つ 1 つからのびているから、つぶの数だけひげがあるんだよ。

9 レトロかわいい きっさてん

まちがいは 6つ こたえは 217ページ

なつかしいメニューがみんなに人気のきっさてんじゃ。左右の絵は、かがみにうつしたようにはんたいになっているぞ。おかしなところが6つあるなあ。

今、日本でつくられている硬貨は500円、100円、50円、10円、5円、1円の6しゅるい。500円玉1まいは、100円玉5まい分と同じかちだよ。

10 きせつのお花を みつけよう

はなこ

秋

コスモス　アジサイ　キキョウ

冬

スイセン　コスモス　ウメ

ステキなお花やさん！　春夏秋冬ぜんぶのきせつの花がならんでるね。あれ？　それぞれ1しゅるいずつきせつに合わない花がまざってる。どの花かな？

まちがいは **4つ**　こたえは **217ページ**

春は3月から5月、夏は6月から8月、秋は9月から11月、冬は12月から2月と考えてね。

11 みらいロボットのレストラン

ロボットはことばづかいのれんしゅう中なんじゃ。ていねいなことばをつかっているロボットはぜんぶで5体いるぞ。どの子かな？

こたえは 217 ページ

MENU

ていねいなことばの
ロボットの
りょうりを合わせると、
1 ～ **5** のどれになる？

セキハナイ

オマチ
イタダケマスカ？

イラッシャイマセ

ていねいなことばじゃないと、なんだかふきげんにきこえるね～。

12 大人気の わがしやさん

あまたろう

本日
おすすめ
だいふく

たいやき
おまんじゅう
わらびもち

だんご
ようかん
おはぎ

おばけたちは、わがしが大（だい）すきなんじゃ。

あんこのかおりにつられてあつまってきたぞ♪

右（みぎ）と左（ひだり）の絵（え）で、ちがうところを 6 つさがそう。

まちがいは **6**つ

こたえは **217**ページ

151

なるほど！ビント

「ぼたもち」と「おはぎ」は同（おな）じわがしだよ。ぼたんの花（はな）のさく春（はる）に作（つく）るのがぼたもち、はぎの花（はな）がさく秋（あき）に作（つく）るのがおはぎとよばれるんだ。

クレーンゲーム
できるかな？

わあ、ぬいぐるみをゲットできそう！
左の絵は、右の絵の 5 秒後なんだけど……。

おかしなところを 5 つみつけてね。

なるほど！ヒント　どっち向きの方向ボタンをおしているかな？　ほかにも、5 秒後にはありえないへんかがあるよ。

14 なんでもそろうよ 電気やさん

べんりな家電がたくさんあるのう。おばけたちは大はしゃぎでかうものをえらんでいるようじゃ。右と左の絵で、ちがうところを6つさがそう。

まちがいは 6つ　こたえは 218ページ

 電池にはプラス極とマイナス極があって、正しい向きに入れないとこわれてしまうこともある。わかりやすいようにプラス極だけにとっきがあるよ。

めずらしい魚がたくさんいるね。あれ〜、
お店の水そうにはぜったいにいない魚まで？
右と左の絵で、ちがうところが6つあるよ。

まちがいは
6つ

こたえは
218ページ

なるほど！ヒント
水そうに、ぜつめつした5億年前の海の生きものがいるね。アノマロカ
リスといって、「きみょうなえび」といういみの名前だよ。

16 こんがりいいかおりのパンやさん

おいしそうなパンがいっぱい！　おばけパンはどんなあじがするのかな？　右と左の絵で、ちがうところが6つあるからさがしてね。

まちがいは 6つ　こたえは 218ページ

なるほど！ヒント　パンの多くは小麦粉をざいりょうに作られているけれど、小麦粉のかわりに米粉でも、もちもちとしたおいしいパンが作れるんだよ。

正しいセリフの人をえらんで、バザーの会場をすすもう。同じ店にはいちどしか行けないのだ。
さて、ゴールにいる2人のセリフは正しいかな？

こたえは 219 ページ

ゴール

おぢいさん
すごい！

すてきな
とけえ！！

おじいさん
おもしろい！

おおきい
星をかいて

ぼくも、
おうきい
星をかいて

ボディー
ペイント

話すときは同じ音なのに、ひらがなで書くとちがう字のことってあるよねー。

クールな ざしきわらっしと家であそぼう！

ざしきわらっしはふたりの家にあらわれました。ようじゅつをクールにキメてください！

だれかいる！

みいのへやを、わたしのこのみにかえちゃった。
どこがかわったのかわかる？
右と左の絵で、ちがうところは 6 つだよ。

まちがいは **6つ**　こたえは **219ページ**

167 なるほど！ヒント　ランプは、プラグをコンセントにつながないと、電気がながれないからあかりはつかないよ。

キッチンから
なくなったのは？

ここはだいどころなんだね。ふ〜ん、おもしろいものがいっぱいあるな。…よし、かくしちゃお。右と左の絵をくらべて、きえたものは6つ。わかる？

きえたのは **6つ**
こたえは **219ページ**

169

なるほど！ヒント

にくまんが入っているのは「せいろ」。下のなべでおゆをわかして、じょう気をせいろにとじこめてむすよ。ふたがないとじょう気がにげちゃうよ。

3 げんかんで いたずらしちゃおう

げんかんにもたくさんものがあるな。ちょっとかえてもわからないよね。右と左の絵で、ちがうところが 6 つあるよ。

まちがいは 6つ　こたえは 219ページ

なるほど！ヒント　ハンコの文字は、左右さかさまにほられているんだよ。インクをつけて紙におせば正しい文字になるんだ。

4 キャンプどうぐで数あそび

スタート

ガレージはどうぐがいっぱいで楽しいな。テントからスタートして、1つずつ数が多くなっていくようにたどってみてよ。ゴールはどれで、何こある？

こたえは220ページ

数がふえるほど、数えるのがたいへんだよね。ぼくはゆびをつかってるよ。

よ
に
う
ょ
ぼ
し
そ
っ
あ
い

ここが
1だん目

かいだんの 1、3、5、7、9 だん目の文字を読んで、つぎに 2、4、6、8、10 だん目を読むとことばがでてくるよ。左右の絵のまちがいは 6 つだ。

ここが
1だん目

かいだんにあらわれたことばって…ざしきわらっしの気もちだね！？

6 ものがたりの せかいへ！！

ここは本がたくさんある書さいなの。気になる本をひらいたら、ものがたりのせかいが広がった！右と左の絵で、ちがうところを6つさがして。

まちがいは6つ　こたえは220ページ

なるほど！ヒント　日本はたくさんの島がたてに細長くならんでいるよ。

人魚と
なかまたち

人魚や魚たちがなかよくくらしてる。これもものがたりのせかい!?左の絵は、右の絵をかがみにうつしたようにはんたいになっている。ちがいは6つだよ。

まちがいは6つ　こたえは220ページ

なるほど!ヒント　タツノオトシゴの口は長いよ。エサにちかよって、スポイトのような口でシュポッとすいこむんだ。頭が馬やりゅうににているけど、魚だよ。

８ ゲームから とびだしちゃった！

おばけたちが、にんじゃのゲームにむちゅうになりすぎて、画面（がめん）からキャラがとびだしちゃった！上（うえ）と下（した）の絵（え）で、ちがうところを 6 つさがして。

まちがいは **6つ**
こたえは **221**ページ

181

「15：30」は、ごご 3 時（じ）30 分（ふん）のこと。1 日（にち）は 24 時間（じかん）で、「23：59」のつぎは「00：00」になる。時計（とけい）が 25：30 になることはないよ。

おばけたちと おやつタイム

みいとけったが、ケーキを3人で食べようだって。いいけど。左の絵にも、右と同じ3つに分ける線を引いてよね。右と左の絵のちがいは6つだよ。

まちがいは6つ　こたえは221ページ

なるほど！ヒント　イチゴの数を数えてみよう。3人で分けると1人分はいくつになるかな？　びょうどうに分けてね。

ベランダが花いっぱい

ホオズキ

コスモス

チューリップ

きゅうこんだよ。春に色とりどりの花がさくよ。

細いくきでせが高く、秋に花がさくよ。

タネはわた毛をつけてとんでいくよ。

ケーキをくれたから、ベランダにタネをまいて、いろんなきせつの花をさかせた。花は下にあるどのタネからそだつかわかる？　●と●を線でむすんで。

こたえは **221** ページ

アサガオ ●

ヒマワリ ●

タンポポ ●

● つるがのびて、
夏の朝に花がさくよ。

● ちょうちんのような
ふくろが、夏に赤くなるよ。

● 夏に黄色い
大きな花がさくよ。

すぐに花がさくふしぎなタネだね。

ばけネコのあしあとをよく見て。このあしあとが2つついている場所に、ばけネコがかくれているよ。いつもにわをあらすばけネコなんだって。さがしてね。

こたえは 222 ページ

ばけネコ

あしあとだらけだね。イヌたちもばけネコをさがしているのかも!?

おくりものは名産品

やおやさんが、やさいやくだものをはいたつして
くれたよ。日本中（にほんじゅう）の名産品（めいさんひん）をあつめたんだ。
右（みぎ）と左（ひだり）の絵（え）で、ちがうところが6つあるよ。

まちがいは **6つ**
こたえは **222ページ**

なるほど！ヒント 沖縄県（おきなわけん）では、あつい地方（ちほう）でそだつ、バナナ、パイナップル、マンゴー、
シークアーサーなどがさかんにさいばいされているよ。

13 おもちゃが うごきだす！？

月の光をあびて、おもちゃたちがかってにうごきだした！　みいとけったに見せたらよろこぶかな。右と左の絵でちがうところを7つみつけて。

まちがいは 7つ　こたえは 222ページ

なるほど！ヒント　コマは、まわっている間はたおれないけれど、止まるとたおれてしまうよ。

いっしょにごはん食べていいの？ あっ、おばけが先に食べてる。左の絵は、右の絵がかいてんしてさかさまになっているよ。ちがうところは 6 つだ。

まちがいは **6つ**　こたえは **222ページ**

なるほど！ヒント テントウムシのもようはいろいろだけど、まん中にかがみをおいてうつしたように、左右対称になっているんだよ。

楽しいおふろにクジラまであそびに来たよ！
左の絵は、右の絵をかがみにうつしたように
はんたいになっているよ。まちがいは7つだよ。

まちがいは
7つ

こたえは
222ページ

なるほど！ヒント　北の空の7つの明るい星を「北斗七星」とよぶよ。ひしゃくのような
形にならんでいるんだ。北斗七星で北極星をみつけることもできるよ。

16 ざしきわらっしの プレゼント

ミルク

スタート

ぬいぐるみ

くし

みかん

トランプ

ゴール

プリン

あそんでくれたおれいをしたいな。スタートからはじめて、しりとりをしながらゴールしてね。通ったものがプレゼントだよ。

こたえは 223 ページ

くつした

たいこ

たまご

ルーレット

ゴーグル

ルビー

おれいなんていらないよ〜。ざしきわらっしとあそべてうれしいもん。

かくしとびらを
はっけん！

フラン・ケン

まじょりん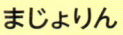

てんぐどん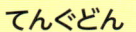

ざしきわらっし

けったのへやに、おばけのせかいへのかくしとびらがあるんだよ。あ、ドアのカギがない……ばけネコがかくしたな！　ヒントを読んでみつけて。

こたえは**223**ページ

おまけもんだい　みんなのもちものも、このへやにかくされたよ。どこかな？

かっぱっぱ

ばけネコのヒント

こびとが もってるニャ
このいえの どこかニャ
このへやに ないニャ
ユウシャが いるへやニャ

なるほど！ヒント　かぎをもったこびとがいたのは、勇者がたたかっていたへやだよ。

200

おばけのみんなと さいごのまちがいさがし

まちがいは **6**つ　こたえは **223**ページ

なんてたのしいのだ

またあそぼうね〜

みつけたら チェック ✔ ① ② ③ ④ ⑤ ⑥

せっかち かっぱっぱ 森で大あばれ！

2 16 〜 17 ページ

1 14 〜 15 ページ

3 18 〜 19 ページ

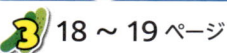

4 20 〜 21 ページ

5 22～23ページ

6 24～25ページ

① 3 頭
② 2 ひき
③ 1 ぴき
④ 1 頭
⑤ 7

8 28～29ページ

7 26～27ページ

10 32 ～ 33 ページ

ウサギが食べたのはカボチャ

9 30 ～ 31 ページ

12 36 ～ 37 ページ

11 34 ～ 35 ページ

14 40 ～ 41 ページ

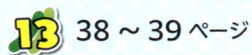

13 38 ～ 39 ページ

昭和には、スマホ、ドローン、ワイヤレスイヤホンはなかったよ。テレビは、今のようにうすくはなくて、はこのようにぶあつい形だったよ

15 42 ～ 43 ページ

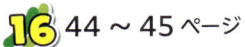

16 44 ～ 45 ページ

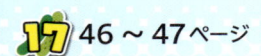

17 46 〜 47 ページ

さむくて食べものが
少ない冬は、冬みんして
エネルギーをせつやくして
すごすどうぶつがいるよ

 もじもじ **フラン・ケン** と **おばけ遊園地**

1 52 〜 53 ページ

3 56 〜 57 ページ

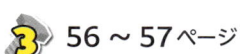

2 54 〜 55 ページ

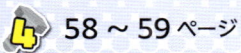

4 58 〜 59 ページ

- ラクダのコブは、1つか2つだよ　● パンダのしっぽは白いよ
- ゾウのはなは長いよ　● ひらべったい形はヘラジカのツノだよ
- シマウマのどうのあたりは、たてじまだよ

5 60 〜 61 ページ

ぼうし、かばん、
おばけは
☐ にあるよ

7 64 〜 65 ページ

6 62 〜 63 ページ

207

9 68 ～ 69 ページ

8 66 ～ 67 ページ

10 70 ～ 71 ページ

あまる

11 72 ～ 73 ページ

かげが細くなっているよ

12　74〜75ページ

こたえは　か

14　78〜79ページ

13　76〜77ページ

1分後なのに時計が10分
すすんでいるよ

15　80〜81ページ

1-C　2-E
3-F　4-B
5-A　6-D

17 84 〜 85 ページ

16 82 〜 83 ページ

おちゃめな まじょりんの 学校キラキラ計画

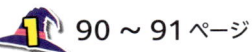

1 90 〜 91 ページ

2 92 〜 93 ページ

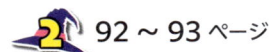

3 94 ～ 95 ページ

4 96 ～ 97 ページ

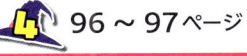

6 100 ～ 101 ページ

5 98 ～ 99 ページ

7　102 〜 103 ページ

この子だよ。
えんぴつを
わすれているね

9　106 〜 107ページ

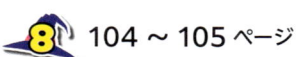

8　104 〜 105 ページ

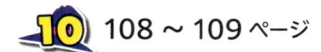

10　108 〜 109 ページ

あ　　　い　　　う　　　え

4 午前 12時　　1 午後 3時 15分　　5 午前 8時 30分　　2 午前 10時

あまるのは 3 午後 6時 30分

12 112 〜 113 ページ

11 110 〜 111 ページ

14 116 〜 117ページ

モンシロチョウ…アオムシ
ニワトリ…ヒヨコ
カエル…オタマジャクシ
トンボ…ヤゴ
イノシシ…ウリぼう

13 114 〜 115 ページ

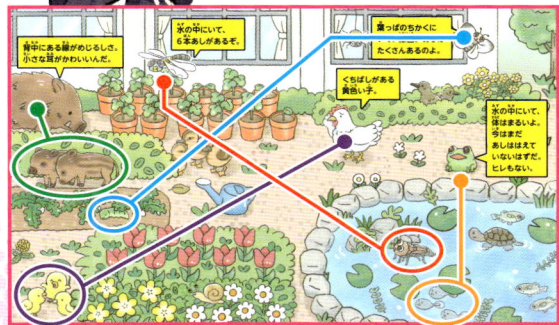

背中にある縞がめじるし。小さな耳がかわいいんだ。

水の中にいて、6本あしがあるぞ。

葉っぱのちかくにたくさんあるのよ。

くちばしがある黄色い子。

水の中にいて、体はまるいよ。今はまだあしははえていないはずだ。ヒレもない。

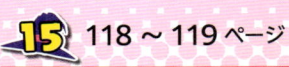

16 120 ～ 121 ページ

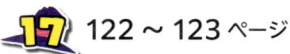あまる

17 122 ～ 123 ページ

214

ハリキリ てんぐどんのへんてこ商店街（しょうてんがい）

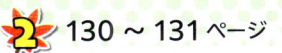
2 130 〜 131 ページ

1 128 〜 129 ページ

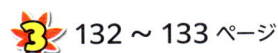
3 132 〜 133 ページ

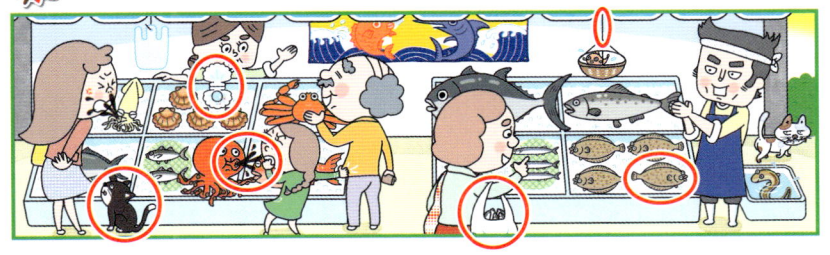

4 134 〜 135 ページ

クニ ステキー → **ステーキニク**

ポコ トッテケロ → **ポテトコロッケ**

ゲラアカ → **カラアゲ**

ツチカメン → **メンチカツ**

ツンカト → **トンカツ**

クブニタ → **ブタニク**

右から3ばん目なのか、
左から3ばん目なのかわからないよ

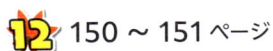

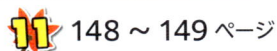

14 154 〜 155 ページ

13 152 〜 153 ページ

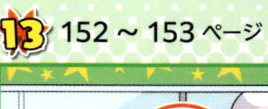

16 158 〜 159 ページ

15 156 〜 157 ページ

17

160 〜
161ページ

ゴールの
セリフは
「すてきな
とけい!!」
が正しいよ

クールなざしきわらっしと家であそぼう!

1
166
〜
167
ページ

2
168
〜
169
ページ

3
170
〜
171
ページ

4 172〜173 ページ

ゴールは
「まき」で9本

5 174〜175 ページ

出てくることばは
「いっしょにあそぼうよ」

7 178〜179 ページ

6 176〜177 ページ

8 180 ～ 181 ページ

9 182 ～ 183 ページ

ケーキを3人で
びょうどうに分けると
イチゴは3つずつだね

10 184 ～ 185 ページ

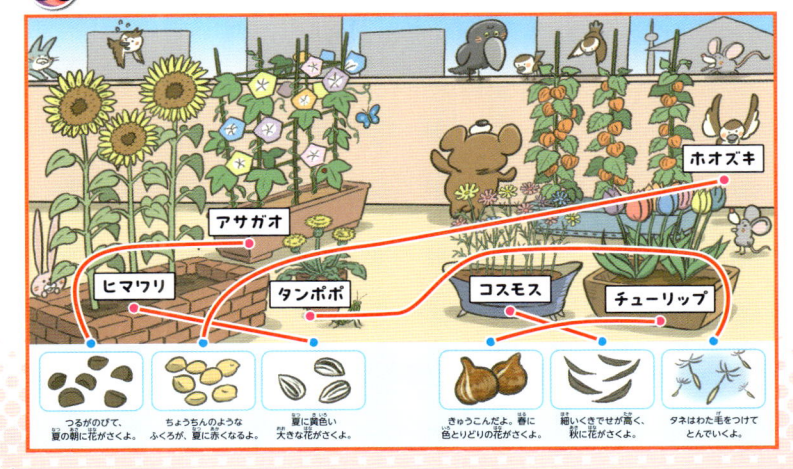

ホオズキ

アサガオ

ヒマワリ

タンポポ

コスモス

チューリップ

つるがのびて、
夏の朝に花がさくよ。

ちょうちんのような
ふくろが、夏に赤くなるよ。

夏に黄色い
大きな花がさくよ。

きゅうこんだよ。春に
色とりどりの花がさくよ。

細いくきでせが高く、
秋に花がさくよ。

タネはわた毛をつけて
とんでいくよ。

11 186 〜 187ページ

13 190 〜 191ページ

12 188 〜 189 ページ

15 194 〜 195 ページ

14 192 〜 193 ページ

16 196 ～ 197ページ

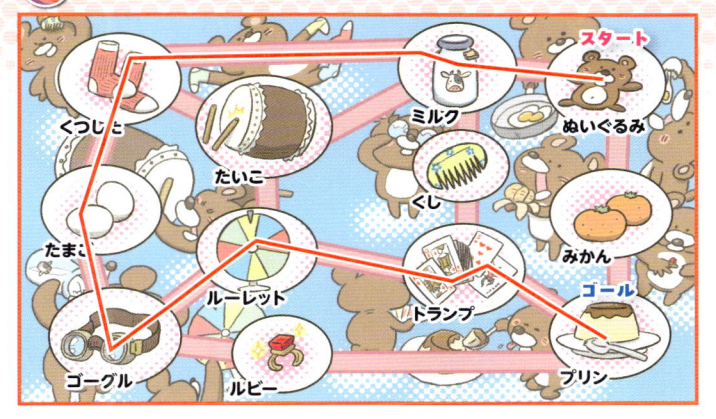

17 198 ～ 199 ページ

201 ページ

とびらのかぎは 176 ページの
こびとがもっている

監修者

陰山英男（かげやま　ひでお）

陰山ラボ代表（教育クリエーター）。全国各地で学力向上アドバイザーを務めている。『学校を変える15分　常識を破れば子どもは伸びる』(中村堂)、『人生を変える ポジティブ習慣』(リベラル社)、『陰山英男の「集中力」講座』(ダイヤモンド社)、『徹底反復「百ます計算」』(小学館)、『かってに頭がよくなる 毎日なぞなぞ』『かってに頭がよくなる 毎日なぞなぞ ようちえん』(西東社) など著書多数。

マンガ・キャラデザイン	カヤマタイガ
カバーイラスト	Tossan Land
イラスト	Tossan Land、今瀬のりお、asarin、オブチミホ、イケウチリリー、トリバタケハルノブ
カバーデザイン	門司美恵子(chadal108)
本文デザイン・DTP	門司美恵子、能勢明日香(chadal108)
執筆・編集協力	片倉まゆ
編集	株式会社アルバ

かってに頭（あたま）がよくなる まちがいさがし

2024年11月20日発行　第1版

監修者	陰山英男
発行者	若松和紀
発行所	株式会社 西東社
	〒113-0034　東京都文京区湯島2-3-13
	https://www.seitosha.co.jp/
	電話　03-5800-3120（代）

※本書に記載のない内容のご質問や著者等の連絡先につきましては、お答えできかねます。

ISBN　978-4-7916-3384-5